Schirner Verlag

LILIA CHRISTINA MARTINY

Manifest der Kriegerin des Herzens

Botschaften aus dem Herzen Liliths

MIT EINEM VORWORT VON KARL GAMPER

Schirner Verlag

ISBN 978-3-8434-1266-7

Lilia Christina Martiny:
Manifest der Kriegerin des Herzens
Botschaften aus dem Herzen Liliths

Umschlag und Layout: Simone Fleck, Schirner, unter Verwendung von #283717307 (© Anton Watman), #69575776 (© Extezy), #109152440 (© Mike Degteariov), #309182075 (© polinaloves), www.shutterstock.com
Lektorat: Kerstin Noack, Schirner
Printed by: Ren Medien GmbH, Germany

www.schirner.com

1. Auflage Oktober 2016

Inhalt

Einstimmung
von Karl Gamper

Dieses Buch ist ein Festmahl. Dich erwarten ein reich gedeckter Tisch und das Abenteuer, alle linearen Formen zu verlassen und dich ganz der Magie deiner inneren Fügung hinzugeben. Zyklisch. Mäandernd. Unberechenbar in seinen Windungen wie die Mondin selbst und doch getragen und genährt von einer köstlichen Liebe, deren Würze die Reife eines bewusst gelebten Lebens ist.

Dieses Buch ist auch ein Kleinod, dessen Juwelen dir aus der Haltung des staunenden, offenen Lauschens offenbart werden. Die Autorin Lilia Martiny wurde von Lilith geküsst, der erwachten Göttin, dem Windgeist, der sich in keine wie immer geartete Schablone pressen lässt, weil dies der Natur des Windes widerspricht.

Die Macht des Windes ist überall und doch ist sie stets wehend, fließend, immer veränderlich und nur im Jetzt wahrnehmbar: »Nur dort, im ahnungsvollen Licht, frei von allen Grenzen, wirst du mich sehen können.« Daher ruft uns die Kriegerin des Herzens zu: »Sei wild! Sei frei!« In dieser radikalen Hinwendung an dein inneres Licht kann sich dein ureigenes Feuer entzünden. Das Feuer des weiblichen Prinzips in dir, dessen wahrer Mut in der Hingabe liegt und dessen erblühte Stärke sich in der Bereitschaft zur Verletzlichkeit zeigt.

So lebt die Kriegerin des Herzens, wie sie ist. Und was sie ist. Befreit von allem Dünkel. Makellos. Wahrhaftig ihrem Sein und Werden verpflichtet. Das ist ihr Zauber, dies ist die Quelle ihrer Magie. Sie reitet den Wind und erklimmt so den Berg ihrer Seele, »um ihr Land zu überschauen«.

In all dem ist der Körper der Kriegerin des Herzens ihr heiliger Tempel, und ihr Licht dringt ein »in das Dunkel ihrer embryonalen Höhle«. Nur eine Frau kann solche Aphorismen gebären.
Doch auch uns Männern offenbart sich die Macht Liliths, wenn wir Macht als Ermächtigung begreifen, als dienende, schützende, bewahrende Kraft und sie nicht missbrauchen als Instrument der Kontrolle und der Unterjochung. Denn Lilith, der Windgeist, lässt sich in kein Geschlecht einengen, sondern wirkt als nährendes, umarmendes und erneuerndes Prinzip für die gesamte Menschheit.

Diesem Prinzip begegnen wir facettenreich auch im zweiten Teil des Buches, dort, wo das Neue beginnt. Hier zeigt sich uns Lilith in kosmischer Sanftheit, als Tochter der Mondin, als Schwester von Gaia, unserer Mutter Erde. Als Kriegerin des Herzens bringt sie Magie in unsere erkaltete Welt, und ihre Macht verbindet uns für alle Zeiten mit der Allmacht der Liebe, um sie als göttliches Licht in uns selbst zu entzünden. Für immer.

JETZT ist die Zeit, die dunklen Täler des Krieges mit seinen subtilen Facetten, der Ängste mit ihren vielen Masken, des Getrenntseins vom Leben mit all seinen Schrecken … zu verlassen! Rigoros und mutig. Denn in der Rückkehr von Lilith offenbart sich das weibliche Prinzip und stillt damit die Sehnsucht unser aller Herzen. Lilith, die Freie, die Wilde, wird nun zur machtvollen Hüterin einer neuen Erfahrung der Menschheit.

Einer Erfahrung, die wir seit Tausenden von Jahren ersehnen und die uns niemals gelang. Von welcher Erfahrung spreche ich? Von der zellulären Erfahrung eines essenziellen Friedens. Also von einem Frieden, der unsere Gene durchdringt, der unsere soziale DNA neu strukturiert und uns eine Rückkehr in das dereinst verlassene Paradies ermöglicht. Eine Rückkehr, eine Religio, bei der wir uns selbst als Einzigartige innerhalb der Einheit des Lebens erkennen. Oneness in Unity.

Die »Kriegerin des Herzens« schenkt uns einen großen zyklischen Flug, offenbart uns eine Spirale der Reifung, deren Zauber und deren Heilkraft aus dem weiblichen Prinzip kommen. Dieses ist naturgemäß den Frauen näher. Umso mehr verbeuge ich mich als Mann und danke für die Ehre, Lilia und Lilith nun den Raum zu öffnen. Die Zukunft gehört dem komplementären Spiel des männlichen und des weiblichen Prinzips. Doch – um es klar zu sagen – die Heilung und die grundlegende Erneuerung kommen aus dem weiblichen.

Karl Gamper
Autor der »Vision von NeuLand«

Vorwort

Wie dieses Buch entstanden ist? Fast muss ich lächeln, denn die Geschichte beginnt vor sehr langer Zeit. Als junges Mädchen war ich frech und ungestüm. Ich hatte vor nichts Angst. Vor fast nichts. Das Einzige, wovor ich Angst hatte, war vor mir selbst. In mir schlummerten Kräfte und Energien, die sich zerstörerisch und gewaltig anfühlten. Sie schlummerten in einer Dunkelheit, die schien, die Gebärmutter des Universums selbst zu sein, einem Urknall ähnlich, in dem alles hinweggefegt werden kann, um neu geboren zu werden. Diese Kräfte und Ahnungen lockten, waren verheißungsvoll, und doch schienen sie so unbekannt wie nichts in meinem Leben und gleichzeitig köstlich vertraut von ganz weit her aus fernen Gefilden, die mich an irgendetwas erinnerten … an was nur? Mit diesem Verborgenen in meinem Inneren, Schatz und Wunde zugleich, ging ich also durchs Leben. Ich hatte deshalb keine Angst, weil meine Kindheit eher dunkel war, und ich hatte überlebt. Wer also wollte mir noch etwas anhaben?

Ich erinnere mich gut an einen Vorfall, ich war ungefähr sechzehn und mit meinen Freundinnen abends unterwegs in den Straßen, als uns eine Horde streitlustiger, aggressiver Jungs umzingelte. Sie zückten ihre Messer und waren auf Krawall aus. Meine Freundinnen erstarrten und wollten mich wegzerren. Ich aber stellte mich ihnen in den Weg, ich schrie sie mit meiner ganzen Kriegerinnenkraft an, sie sollten machen, dass sie wegkommen, sonst könnte ich für nichts garantieren.

Ich erinnere mich noch gut, wie mich ein enormer Kraftschub durchfuhr. Ich fand es ungeheuerlich, dass es solche Menschen gab, die andere bedrohten … Heute weiß ich, dass wohl alle meine Ahninnen, Krafttiere und die Große Göttin selbst hinter mir standen. Die schwarze Madonna, die urweibliche Kraft regte sich in mir. Ich muss nicht erwähnen, dass die Jungenbande verblüfft das Weite suchte. Damit hatten sie nicht gerechnet, ein kleines Mädchen, das sich ihnen entgegenstellte und zur Göttin selbst wurde. Diese Göttin, die von der Kirche und dem Patriarchat jahrhundertelang verteufelt und verdreht worden war, zur schwarzen Dämonin wurde, anstatt als alles durchdringende, gebärende Kraft und Hüterin des Lebens erkannt zu werden. Eine Hüterin des Lebens trennt und schneidet alles ab, was nicht dem Leben dienlich ist, sie ist Tod und Leben zugleich, und deshalb fürchtet man sich vor ihr …

Diese Lilith-Kraft begleitete mich von nun an ständig. Unkontrolliert brach sie sich Bahn in Situationen des Umbruchs oder einfach, wenn ich mein Wesen verleugnete und nicht ich war. Damals wusste ich noch nicht, dass ich von Lilith geküsst war. Doch wer ist diese Lilith? Unzählige Informationen kreisen in der Internetwelt um sie. Wenn du magst, suche einmal nach ihr. An dieser Stelle sei nur gesagt, dass Lilith Adams erste Frau war. Sie war ihm ebenbürtig, sie war frei, stark und gleichberechtigt, ein Wesen, dem Unterordnung völlig fremd war. Der Name Lilith wird vom babylonischen Wort »Lilitu« abgeleitet und bedeutet »Windgeist«, was ich sehr bezeichnend finde. Die überlieferten Hinweise auf Lilith aus der babylonischen Mythologie und dem Talmud sind eher spärlich. Das Patriarchat hat jahrtausendelang versucht, Lilith als verteufeltes Weib darzustellen, als Verführerin, die Männer vom rechten Weg abbringt. Für viele Frauen wiederum ist sie das Symbol für Unabhängigkeit und Freiheit, und wir können von ihr lernen, wenn wir sie als potenziellen Teil unserer Persönlichkeit annehmen. Das ihr zugeordnete Tier ist die Eule, ein Sinnbild für Weisheit. In der Astrologie wird ein sensitiver Punkt nach Lilith bezeichnet, der Schwarzmond, was wiederum Rückschlüsse zulässt. Im Gegensatz zur angepassten, untergeordneten Eva verkörpert Lilith die Seite der Weiblichkeit, die im Verborgenen liegt; doch da alles Leben aus der Dunkelheit geboren wird, bekommen wir hier eine Ahnung, welch enorme, potenzielle Geschenke sie zu bringen vermag. Psychologisch gesehen zeigt uns Lilith unser verdrängtes, unerfülltes Verlangen – die Sehnsucht, als Frau so zu sein, wie wir gemeint sind und vom Schöpfer ursprünglich erschaffen wurden: wild und frei, aus der Quelle des Lebens heraus kreativ, das heißt schöpferisch tätig.

Ich verstand viele Situationen in meinem Leben nicht, bis ich »ihr« begegnete. Ich suchte mit einer tiefen Sehnsucht nach mir selbst, jenseits von allem gesellschaftlich angepassten Leben. Ich suchte in den dunklen Nischen, an Orten, die keine Worte kennen, ich rang, durchdrang, stolperte, fiel, stand wieder auf und ging weiter. In all dem begleitete mich die Kraft Liliths, die ich zutiefst symbolisch verstand. Sie flüsterte mir ihre Worte zu – in einsamen Nächten, aber auch bei meinen Flügen in ungeahnte Höhen. Sie wurde mir Trösterin, Gefährtin, ja, ein Teil von mir. Wehrte ich mich anfangs gegen ihre auf den ersten Blick zerstörerische Kraft, war das Chaos perfekt. Doch niemals verließ sie mich. Es kam der Zeitpunkt, da ich mich ihr vollständig hingab, und das wurde zu einer Art Initiation in etwas Größeres, noch immer nicht zu Fassendes. Etwas änderte sich dadurch. Lilith zeigte sich mir auf einmal unendlich sanft. Diese Sanftheit überwältigte mich schier. Ich begriff zutiefst, dass diese Kraft »Lilith« einfach ALLES ist: Nichts wird ausgelassen, sie ist umfassend sie selbst in all ihren Facetten. Wenn sie weint, weint sie. Wenn sie wütend ist, ist sie wütend. Wenn sie Glück verspürt, tanzt sie. Sie verbietet sich nichts. Sie ist in jedem Moment sie selbst. Und das ist genau das, was sie uns zeigen möchte: »Nimm deine Schatten an, um zur Sanftmut zu gelangen, fürchte dich nicht.«

Ich begann also, in meiner Einsamkeit die Worte Liliths niederzuschreiben. Später traute ich mich, Teile davon in Social-Media-Communities zu teilen. Der Anklang war überwältigend. Ich bekam private Nachrichten von Frauen (manchmal auch Männern) von überall her. Sie erkannten sich in meinen Texten wieder. Es berührte mich sehr, zu sehen, dass ich wohl damit nicht alleine war. Es gab eine Art Schwesternschaft über die ganze Welt verteilt, die ähnliche Erfahrungen in ihrem Leben machten. Für diese Frauen und Männer habe ich die Texte aufgeschrieben, die Lilith mir zuflüsterte. Jede einzelne Zeile ist selbst erlebt. Manche Sätze flossen in dunkelsten Stunden meines Lebens, doch auch in friedvollen, freudigen Momenten hörte ich Lilith in meinem Herzen.

Ich wünsche mir nichts sehnlicher, als dass DU, liebe Leserin, lieber Leser ebenfalls diese Worte vernimmst und dass sie dir Stütze, Hilfe und Zuversicht schenken. Der erste Teil des Buches ist der Suche, unserer tiefen Sehnsucht entsprungen, während der zweite Teil eine Art des Ankommens repräsentiert, die Ernte. Du kannst dieses Buch in einem Rutsch durchlesen. Oder du nimmst es dir in Zeiten der Verwirrung und Orientierungslosigkeit vor, schlägst einfach eine Seite auf und liest. Es werden genau die richtigen Botschaften für dich sein. Wenn du magst, bewege die jeweilige Botschaft in deinem Inneren, während du deinen alltäglichen Verrichtungen nachgehst. Ich bin mir sicher, sie wird Wurzeln in dir treiben, um dir die Art von Nahrung zuzuführen, die du gerade benötigst. Du kannst dich aber auch einfach an den Texten erfreuen. Sei spielerisch, und tue mit dem dir vorliegenden Buch das, was dein Herz dir eingibt. Ich lade dich ein, dich als einen Teil der Schwesternschaft wahrzunehmen. Komm, nimm deinen Platz ein, liebe Schwester, aber auch du, lieber Bruder, bist herzlich willkommen. Setze dich zu uns ans Feuer, ruhe dich eine Weile aus, und lausche …

Prolog

Versuche nicht, mich festzuhalten.
Ich bin nicht in Schubladen oder Rollen zu pressen.

Suche mich nicht in den gewöhnlichen Bahnen unserer Gesellschaft,
dort wirst du mich nicht finden. Nur wenn ich es für den jeweiligen
Moment selbst so wähle. Ich bin weder greifbar, noch zu verstehen.

Ich bin nicht so, wie du es von mir denkst, denn auch das
wäre wieder eine Rolle. Erwarte nichts von mir,
denn dann würdest du vielleicht enttäuscht.

Ich tanze meinen eigenen Tanz, und es ist nicht deiner.
Ich reagiere nicht so, wie du es gerne hättest.
Ich bin meine eigene Herrin.
Ich bin Königin und Bettlerin, Hure und Heilige,
Kind und weise Frau.

In mir leben Tausende von Frauen,
und sie alle haben ihren Platz.
Ich bin frei und wild.
Doch wenn du dich mir näherst und alle Masken abwirfst und nackt
und bloß vor mir stehst, so, wie du von Natur her gemeint bist …
dann werde ich dich beschenken.

Dann und nur dann wirst du meine
Essenz wahrhaft schmecken können.
Dann und nur dann kannst du mich fühlen.
Im Wind, der dich umweht, im Feuer, das dich wärmt,
und mit jedem Schritt, den du gehst,
wirst du den heiligen Rhythmus in dir spüren,
dem ich folge.

Und vielleicht wird er dich auch erwecken,
so, wie er einst mich gebar.
Nur dort, im ahnungsvollen Licht,
frei von allen Grenzen, wirst du mich sehen können.
Denn nur dort bin ich ZU HAUSE.

Und ich warne dich:
Ein Blick von mir, und du kannst dich für immer verlieren.
Hast du mich einmal geschmeckt und gespürt und dich aus meinem
Kern der tiefen, warmen Glut genährt, wird dich nie wieder etwas
anderes wirklich satt machen …

Ich warne dich, denn es wird unbequem, weil ich dich nicht mehr
den süßen dumpfen Schlaf des Vergessens schlafen lasse.
Ich werde dich aufwecken, wann immer deine Lider zufallen,
weil du nicht sehen willst.
Und doch werde ich deine Lider sanft küssen,
wenn du dich zur Ruhe legst.

Ich bin nicht zu fassen. Ich bin ein Widerspruch. Ein Paradoxon.
Und doch wirst du an meinem Busen vollständig gestillt werden.
Kein Hunger wird dich mehr plagen,
außer dem Hunger nach der Quelle selbst.
Und ich werde dich kreuzigen und krönen in einem.

Teil 1:

Die Suche

Einer *Kriegerin des Herzens* fällt es oft schwer,
in neue Welten geboren zu werden, die nächste Ebene zu betreten.
Die Schale ihrer alten Welt scheint hart und undurchdringlich.
Doch da sie unaufhörlich wächst, ist es unumgänglich,
dass ihre alte Welt langsam zu klein wird.
Sie fühlt sich beengt. Sie fühlt sich unwohl.
Wo vorher Sicherheit und Geborgenheit waren,
hat sie nun das Gefühl, alte Haut abstreifen zu müssen.

Die Kriegerin bemüht sich, kommt voran, zweifelt, stolpert, hofft,
geht drei Schritte zurück und meint, sie schaffe das nie.
Wenn da nicht schon dieses kleine Loch wäre:
eine Öffnung in die andere, ganz neue, unbekannte Welt.
Sie sieht nur einen kleinen Teil davon,
und vielleicht macht ihr das Angst. Aber da ist dieses Licht …
Sie kann es nicht mehr vergessen.
Es leuchtet hinein in das Dunkel ihrer embryonalen Höhle.

Und so geht sie durch das Nadelöhr.
Irgendwann ist es ganz leicht, die Schale ihrer alten Welt bricht
einfach entzwei. Sie steht da, nackt und verletzlich und darin so stark
wie die junge aufgehende Sonne am Morgen.
Sie geht die ersten Schritte und ist wieder einmal
neugeboren in etwas, was sie sich vorher nie hat vorstellen können,
weil es dafür keine Worte gab …

Das symbolische Schwert einer *Kriegerin des Herzens*
ist ihre intuitive, instinktive Herzkraft.
Es ist ihr stärkstes Mittel, um Dinge zu durchtrennen,
die ihr nicht mehr dienlich sind, und um all das in ihr Leben
zu holen, was sie stärkt und was sie nährt.

Es ist ihr »magisches Werkzeug«,
und erst das macht sie zu einer wahren *Kriegerin des Herzens,*
voll leidenschaftlicher Kraft und alterslosem Wissen.
Das Schwert ist die wilde, ungezähmte Urfrau in ihr …

Eine *Kriegerin des Herzens* macht sich oft unsichtbar,
weil sie es scheut, gesehen zu werden.
Als ob irgendjemand sie übersehen könnte …!
Sie weiß tief in ihrem Inneren, dass sie sehr mächtig und stark ist,
wenn sie sich vollkommen nackt in ihrer
unvollkommenen *VOLLKOMMENHEIT* zeigt.
Dies ist ihre wahre Stärke! Damit berührt sie die Menschen.

Doch manchmal macht ihr das Angst, denn sie weiß,
wenn sie ihr ganzes Licht zeigt, werden auch Schatten geworfen.
Sie weiß, dass sie nicht immer alles halten kann, was sie verspricht.
Denn sie folgt nur ihrer inneren Führung,
und das kann auch unbequem für andere sein.
Für eine Kriegerin des Herzens ist es unendlich wichtig,
sich in ihrer ganzen Größe zu zeigen.
Damit heilt sie die Welt ein Stück …

Einer *Kriegerin des Herzens* fällt es schwer,
dunkle Zeiten auszuhalten, weil sie so gerne gibt.
Doch in dunklen Zeiten ist sie wie abgeschnitten vom Fluss der Welt.
Jedes Geben versiegt am Rande ihres Ufers.
Stattdessen darf sie lernen zu empfangen …
Das ist sie nicht gewohnt, ist es doch meist sie, die gibt.

In dunklen Zeiten scheint alles leer,
kein Fließen, kein Vordringen in Herzkammern,
nichts, was berührt – und doch so viel Schmerz,
der nicht greifbar ist, verhangen von den Nebeln der Zeit.
Kein Winden ist möglich, weil alles still scheint.
Wie festgefroren alle Ströme des Lebens.
Lautlos die Bilder um sie herum. Sie sprechen eine fremde Sprache,
die sie nicht versteht. Keine Handlung, die ihre Schale aufzubrechen
vermag, in diesen dunklen Zeiten …

Doch wie immer, denn es ist das Gesetz des Lebens, wird in dieser
Dunkelheit das Neue, Unbekannte gehütet und geboren.

Und so vertraut die *Kriegerin des Herzens* der Natur:
In jedem kahlen Baum lebt unentdeckt das *LEBEN.*
Die Triebe bereiten sich im Winter vor zu knospen,
und in jeder Knospe sind eine Blüte und eine Frucht angelegt.
Wie hart auch der Winter sein mag, der Frühling kommt gewiss.
Und mit ihm der erste Schrei von dem,
was in der Dunkelheit geboren wurde.

Eine *Kriegerin des Herzens* möchte manchmal sterben.
Wenn die Verantwortung zu schwer auf ihr lastet.
Wenn die Himmel grau sind. Wenn sie kein Licht mehr sieht.
Dann scheint alles mühsam und schwer,
und sie sieht keinen Ausweg.
Doch tief in ihrem Inneren weiß sie, dass die Lösung,
der nächste Schritt, auf sie wartet.

Also versenkt sie sich in sich selbst.
Denn was würde es nützen, wenn sie irgendetwas im Außen suchte?
Die Quelle entspringt ihrem eigenen Schoß.
Und so gibt sie sich hin. Ihren Welten, Fantasien und Träumen.
Und aus diesen wird sie erneut geboren.
Vielleicht nicht heute, nicht morgen …
Doch eines ist gewiss:
dass die Sonne hinter den Wolken scheint und ihr Licht leuchtet …

Eine *Kriegerin des Herzens* begrüßt eine neue Chance
wie einen frisch geschlüpften Vogel in ihrer Hand.
Sie schenkt ihm ihre volle Aufmerksamkeit,
füttert ihn mit nährenden, unterstützenden Dingen
wie eine liebende Mutter ihr Baby.
So wird er größer und größer. Dann lässt sie ihn fliegen.
Das bedeutet, dass sie alles, was sie sich wünscht,
mit ihrer ganzen Kraft ins Universum gibt,
sie lässt ihren Vogel fliegen im Vertrauen, dass ihre Spirits alles tun,
um ihre neue Chance so großartig und voller Wunder werden
zu lassen, wie sie es verdient hat. Und genau so ist es …

Eine *Kriegerin des Herzens* erfährt manchmal Niederlagen.
So geht sie damit um:
Sie lässt ihren Schmerz in sich aufsteigen
bis in alle Winkel ihres Seins.
Sie fühlt. Sie nimmt wahr.
Ohnmacht, Zorn, Ungerechtigkeit, Kampfeslust.
Bis nichts mehr übrig bleibt.
Sie fühlt die Lehre der Leere. Sie wartet so lange,
bis die Liebe wiederkommt. Sie weiß,
dass niemand sie verletzen kann, ohne sich selbst wehzutun.
Sie vergibt allen Beteiligten, am meisten sich selbst.
Nur Verletzte verletzen … das weiß sie.
Auf der irdischen Ebene handelt sie so, wie es die Situation verlangt.
Trennt, schneidet, wo es nötig ist.
Verbindet, wo sich Freunde bewährt haben.
Sie fühlt Demut, denn auch sie hat irgendwann jemandem
eine Niederlage bereitet.
Und sie macht weiter. Zieht Schritt für Schritt ihre Spur.
Und sie hinterlässt für alle, die ihr folgen, die Botschaft:

»Mit einem gebrochenen Bein kann ich immer noch laufen, nur nicht so schnell, mit einem gebrochenen Herzen kann ich immer noch lieben, nur viel behutsamer …«

Je tiefer eine *Kriegerin des Herzens* fällt,
desto gewaltiger steigt sie wieder aus dem Dunkeln ans Licht.
Das ist ihre Natur.
Aus dem tiefen Schlamm wird sie katapultartig
in einer unerwarteten Sekunde nach oben geschleudert.
Sie ist wie eine Lotosblüte,
deren Wurzeln im tiefsten Schlamm sitzen
und deren Blüte doch oberhalb der Erde die Herzen erfreut.
Das liegt an ihrer großen Kraft, an ihrer Erkenntnis,
um die sie stets ringt und die sich offenbart wie ein Blitz.
Sie kann niemals wirklich untergehen …

Die treuesten Gefährten einer
Kriegerin des Herzens sind die Tiere.
In ihnen spiegelt sie sich. Mit ihnen atmet sie.
Ihr Herzschlag ist gleich.
Die Liebe, die sie für sie empfindet, ist nicht von dieser Welt.
Sie kennen sich von Anbeginn der Zeit.
Hunde waren einst die Drachen, die sie trugen,
Pferde waren Einhörner, mit denen sie der Welt diente.
Katzen – nachtgleiche samtige Geschöpfe auf lautlosen Pfoten.
In ihr leben sie weiter und sie in ihnen.
Ihre Tiere sind Versprechen und Erfüllung zugleich.
Für sie lebt sie, mit ihnen fühlt sie sich lebendig.
Und auch wenn sie die Menschen innig liebt,
die Liebe zu ihren Tieren ist unübertrefflich.

Eine *Kriegerin des Herzens* überwindet
im Weichen das Harte,
im Fließenden das Starre,
im Leichten das Schwere,
im Licht die Dunkelheit,
im Mut das Stehenbleiben,
im Beweglichen das Unbewegliche,
in Liebe die Angst,
in der Hingabe den Tod …

Eine *Kriegerin des Herzens*
liebt ihre Freundinnen.
Mit ihnen kichert und lacht sie.
Mit ihnen ist sie frei und ungestüm,
und es gibt kein Tabu.
Sie weiß, dass ihre Freundinnen für sie
eine Quelle der Freude sind.
Sie sind frei, wissen, wer sie sind,
und werden zu kleinen Mädchen
im Schoße der weisen Göttin.

Eine *Kriegerin des Herzens* ist zutiefst weiblich.
Dies bedeutet für sie in erster Linie Hingabe.
Hingabe an alles, als eine tief verwurzelte weibliche Kraft.
Dazu gehört für sie auch das Dienen.
Sie fühlt etwas Priesterliches, Heiliges im Dienen.
Ihre Weiblichkeit hat einen tiefen kreativen Zugang
zur ursprünglichen Quelle, wo sie sich immer wieder
neu gebiert und Kraft schöpft.
Nur so lebt, fühlt und atmet sie ihre eigene Wildheit.

Eine *Kriegerin des Herzens* weiß,
was wahre Nacktheit bedeutet.
Es ist einfach, sich auszuziehen
und mit jemandem Sex zu haben.
Aber ihr Innerstes zu öffnen,
jemanden an ihren Gedanken,
Wünschen, Hoffnungen, Träumen,
Sehnsüchten und Ängsten teilhaben zu lassen,
ist für sie wie wirklich nackt sein.

Manchmal wacht die *Kriegerin des Herzens* morgens
mit einem riesigen Glücksgefühl auf. Einfach so.
Nichts ist anders als gestern. Und doch …
Sie ist dankbar für die wundervollen Menschen,
die in ihrem Leben sind.
Sie ist dankbar für die Nähe, die Auseinandersetzung,
die Ehrlichkeit, das Suchen und Finden, was sie mit ihnen teilt.
Sie ist dankbar auch für die Menschen, die gegangen sind.
Dadurch ist sie gewachsen.

Und so umarmt sie an diesem Morgen Bäume,
schickt Küsse an alle ihre Freunde,
winkt dem Himmel zu und liebt, liebt, liebt …

Eine *Kriegerin des Herzens* ehrt ihre Ahnen.
Sie weiß, dass die Gaben und Mühsale
der Zeit in ihrem Blut rauschen.
Sie lässt sich davon nicht beirren, sondern nutzt das,
was ihr dient, in Ehrfurcht und versucht, das,
was nicht im Fluss ist, zu heilen.
Sie hat sich fest vorgenommen,
die Themen ihrer Ahnenlinie zu durchbrechen.
Denn sie ist die, auf die gewartet wurde.

Eine *Kriegerin des Herzens* verirrt sich manchmal.
Dann scheint *NICHTS,* was sie tut, mehr richtig zu sein.
Die Schmerzen sind groß.
Dann setzt sie sich hin und verweilt,
und sie ist klug genug, zu wissen,
dass sie in einem Moment *ALLES* loslassen muss,
was ihr Leben ausmacht.
So macht sie sich vollkommen leer in dem Wissen,
dass sie wieder mit wahrer Essenz gefüllt werden wird und
dass alles, was ihr nicht dient, dadurch gehen kann.
Denn es kommt nur das zu ihr zurück, was wirklich zu ihr gehört.
Und mit einem Mal vernimmt sie wieder
den Herzschlag des Lebens …

Eine *Kriegerin des Herzens* fühlt sich
manchmal ganz schrecklich einsam.
Vom Kopf her weiß sie, dass dies nicht stimmt.
Aber sie fühlt nun einmal, was sie fühlt.
Das kommt daher, dass sie sich für diejenigen,
die mit ihr gehen, verantwortlich fühlt.
Sie weiß, dass auf ihre Schritte geachtet wird,
dass sie ein Licht in der Nacht ist.
Sie weiß auch, dass sie für andere ein Stein des Anstoßes ist
und dass sie schnell fallen kann.
Dies macht ihren Weg manchmal schwer.
Doch das Leben liebt sie,
und der neue Morgen leuchtet ihr sanft entgegen.
Dann steht sie wie immer auf und geht ihren Weg weiter …

Manchmal weckt der Tag
eine *Kriegerin des Herzens* sehr liebevoll und leise.
Kein Holpern und Stolpern, nur das sanfte Umfangen
einer fließenden Umarmung, still, leise
und tragend im großen Fluss des Lebens …

Eine *Kriegerin des Herzens* ist in Wahrheit
eine *KÖNIGIN* des Herzens.
Sie weiß, wie wichtig Gemeinschaft ist.
Sie weiß, dass sich die Kraft ihrer Visionen und Träume
hundertfach vermehrt.
Doch sie wird ihrem Herzen treu sein,
wenn sie etwas fühlt, was alle anderen nicht fühlen.
Sie überprüft sich viele Male
und geht dann in Liebe ihren Weg weiter.
Oft folgen ihr dann doch nach und nach alle anderen.
Denn eine Kriegerin des Herzens ist ihrer Zeit voraus …

Eine *Kriegerin des Herzens* hat viele Botschaften.
Eine ihrer liebsten ruft sie laut in die Welt:
Sei wild! Sei frei! Fühle deine ungewöhnlichen Seiten,
die dich einmalig machen und die du dich nicht getraust,
der Welt zu zeigen. Befreie dich ***JETZT!***
Bemale deinen Körper mit Blumen und Zeichen.
Mach den Ritt deines Lebens! Liebe einfach alles.
Liebe deinen Körper, dein Sein, deine Wildheit,
deine Unzulänglichkeiten, deine Liebsten, deine Kinder, deine Welt.
Schließe nichts aus, nimm alles in dein Herz, hole es heim.
Erinnere dich, dass du immer schon ganz warst …

Eine *Kriegerin des Herzens* gibt sich immer ganz!
Doch sie ist klug genug, zu wissen,
dass sie nicht alle »bedienen« kann,
denn dann würde sie sich verlieren.
Also achtet sie darauf, was möglich ist und was nicht,
auch wenn es ihr manchmal schwerfällt.
Sie dient im Ganzen der Welt …

Eine *Kriegerin des Herzens* gibt sich selbst den Raum,
den sie zum Leben braucht. Sie ist nicht bereit,
ihre Natur zu verleugnen. Und jedem, der sie einsperren
und einengen will, tritt sie mit wilder Unangepasstheit entgegen.
Entdeckt sie ihre Rebellion, ist das stets ein sicheres Zeichen dafür,
dass etwas nicht stimmt. Denn eine Kriegerin des Herzens stirbt,
wenn sie längere Zeit nicht ihren Impulsen folgt.
Es ist ihr Antrieb, ihr Uhrwerk, ihre Seele.
Sie lässt nicht zu, dass man so mit ihr umgeht …

Eine *Kriegerin des Herzens* lauscht stets dem Klang ihres Herzens,
und wenn sie einmal nichts mehr vernimmt,
setzt sie sich so lange hin und lauscht in ihr Inneres,
bis sie ihren eigenen Herzschlag wieder hört.
Dann lacht sie und tanzt und feiert,
dass sie sich wiedergefunden hat!
Erst dann geht sie weiter, denn sie weiß,
dass sonst jeder ihrer Schritte umsonst wäre.
Sie vertraut der kraftvollen Intuition ihres Herzens
bedingungslos …

Eine *Kriegerin des Herzens* ist nicht unverwundbar!
Manchmal hat sie Angst vor dem,
was kommt oder auch nicht kommt.
Dann fühlt sie all ihre Gefühle, steht auf
und geht den nächsten Schritt …

Eine *Kriegerin des Herzens* sehnt sich nach sich selbst.
Sie ist die Hexe, die Wilde, die Baba Yaga, die Lilith.
Sie ist die Weise, die Heilerin, die Priesterin, die Lehrerin.
In ihr leben Vergangenheiten. Und in all ihren Schritten
fühlt sie ihre Ahnen. Manche fürchten sie.
In ihr lebt der Tod und auch das Leben, das Dunkle und das Licht.
Sie wurde verflucht und entehrt, geheiligt und emporgehoben.
Und in alldem steht sie und sucht nach sich.
Diese Suche erkennst du in ihren Augen. In dem,
was über ihre Lippen kommt. Im wiegenden Gang ihrer Hüften.
Nur sie selbst kann sich entdecken. Niemand von außen kann das.
Eine Kriegerin des Herzens weiß das …

Eine ***Kriegerin des Herzens*** ist eine Kämpferin.
Mit ihrer großen Kraft vermag sie alles hinwegzufegen.
Sie weiß, dass sie von anderen oft als gnadenlos empfunden wird.
Aber sie will dich befreien. Sie nimmt dir alles, woran du glaubst.
Sie scheint furchterregend und mitleidlos.
Doch fließt du mit dieser Kraft, entdeckst du,
dass sie fürsorglich und wissend ist wie eine große Mutter.
Sie weiß mehr als unser beschränktes Ich.
Sie zerschneidet Verwirrung, Unwissenheit und Bindungen und
macht dadurch den Weg frei zur Erlösung.
Sie zerstört die negativen Kräfte und Illusionen, die den Menschen
daran hindern, Heil zu erlangen und den Geist zu befreien.
Diese Kraft heißt Transformation und erneuert Leben.
Und so ist die Kriegerin des Herzens die Erneuerin,
die das Alte vernichtet, damit Neues werden kann …

Eine *Kriegerin des Herzens*
sagt Danke für das Morgenlicht,
für das Leben und die Kraft, die sie besitzt.
Sie sagt Danke für die Nahrung
und die Freude, am Leben zu sein.
Wenn sie keinen Grund sieht, Danke zu sagen,
liegt es an ihr, es anders zu sehen …

Eine *Kriegerin des Herzens* ist zutiefst verletzlich.
Das ist ihre wahre Stärke. Denn sie versteckt sie nicht.
Eine Kriegerin des Herzens ist zart wie ein junger Morgen
und doch so kraftvoll wie eine junge Pflanze,
die die Erde durchbricht. Sie ist ätherisch.
Sie hat ein liebendes fühlendes Herz und weiß um ihre wahre
Herkunft und dass sie unendlich viel mehr ist, als man sieht.
Sie ist eine gute Hüterin ihrer Inneren Kinder
und hütet ihre Träume in der Nacht.
Durch ihr Herz ziehen ihr ganzes Leben und die ganze Welt.
Sie weiß, dass dies ihre heilige Aufgabe ist.

Eine *Kriegerin des Herzens*
möchte manchmal die ganze Welt umarmen.
Dann ist alles im Fluss, sie spürt die Verbindung zu allem
und jedem in diesem Moment.
Sie weiß, sie kann das nicht festhalten.
Morgen wird sie vielleicht schon wieder
darum ringen und sich erinnern.
Aber *JETZT* genießt sie es in vollen Zügen.

Es gibt Tage und Zeiten,
an denen fühlt die ***Kriegerin des Herzens***
einfach nur Stille und Leere.
Egal, was sie tut, sie wird nicht gefüllt.
Es ist, als wäre ein großes Vakuum in ihr.
Sie fühlt sich einsam, und Traurigkeit überkommt sie.
Dann verliert sie für Stunden den Sinn ihres Lebens.
Sie fragt sich, was sie tun kann. Sie fühlt sich gelähmt.
Dann auf einmal begreift sie:
Auch in diesen Zeiten ist ihre ganze Hingabe gefragt.
Hingabe an die Leere und Stille.
Sie taucht tief darin ein, schwimmt mit ihrer Traurigkeit.
Und in dieser Dunkelheit wird sie fündig.
Sie findet sich selbst. Noch weiß sie nicht, aus dieser Dunkelheit
aufzusteigen. Sie vertraut einfach.
Und wie ein Embryo im Mutterleib wird sie neu gebildet.
Mit neuen Erkenntnissen, neuen Tiefen, neuen Stärken.
Und eines Tages ist der Zeitpunkt da:
Wie eine Schwimmerin taucht sie aus dem Urgrund des Meeres
empor zurück ins Licht.

Eine *Kriegerin des Herzens* weint,
wenn sie Tränen fühlt,
lacht, wenn sie fröhlich ist,
schreit, wenn ihr danach ist.
Sie ist in jedem Augenblick nur sie selbst.
Es ist ihr egal, was andere von ihr denken.
Sie lebt sich so, wie sie ist.
Dies ist ihr großer ***ZAUBER.***

Eine *Kriegerin des Herzens* trägt ihre Sehnsucht vor sich her,
reitet den Wind, wenn er weht, und ergibt sich
dem Leben mit Hingabe und Freude.
Sie packt den Schmerz, wenn er kommt, mit beiden Händen
und bietet ihn dem Feuer dar, auf dass er sich verwandle.
Sie geht hin und verbrennt alles, was ihr nicht mehr dient.
Dies tut sie dreimal. Sie zaubert, verwandelt, weint, liebt, gibt,
kreiert, versteht, durchdringt, verändert, empfängt, gebiert, lässt los,
befeuert, trägt, ringt, fühlt, lacht und geht, geht immer weiter.
Niemals bleibt sie stehen. Denn sie ist dem Leben verpflichtet
und wird geboren aus dem Tod, den sie immer wieder erlebt.
Aus diesem entsteigt sie wie ein Phönix aus der Asche.
Nicht einmal, nein tausend Mal.
Denn sie ist eine Kriegerin des Herzens
und des Lebens würdig!

Eine ***Kriegerin des Herzens*** hat verinnerlicht,
dass sie nicht ***GEGEN*** etwas kämpft, sondern ***FÜR*** etwas.
Dies macht sie aus, denn der Kampf gegen etwas ist alte Energie.
Wenn ihr Herz ihr etwas eingibt, wird sie jedoch alles einsetzen,
um für das zu kämpfen, woran sie glaubt.
Denn sie trägt keine realen Schwerter mehr,
mit denen sie schneidet und verletzt.
Ihr »Schwert« ist ihre Liebe und Herzenskraft,
ihre vorausschauende Intuition, ihr Bauchgefühl,
aus dem heraus sie handelt.

Eine *Kriegerin des Herzens*
weiß um die Dinge.
Sie kann nicht erklären,
wie und warum,
sie weiß es einfach.

Eine *Kriegerin des Herzens* durchwandert
manches Mal Zeiten, in denen es nichts als Pflichten
und ein Schreiten durch die Materie erfordert.
Am Anfang windet sie sich, denn sie will fliegen.
Doch dann … Stück für Stück … wird sie ihre Aufgaben erfüllen
und auch dies als gottgegeben annehmen.
Und mehr noch, sie wird daran wachsen und noch stärker werden.
Doch *NIEMALS,* niemals wird sie die tief verborgene
heiße Quelle im Inneren ihrer Herzkammer vergessen.
In den Nächten träumt sie davon!
Am Tage ist es das Wissen um diese eine Quelle,
das sie voranschreiten lässt!
Und sobald sie auch nur eine Sekunde Zeit findet,
wirft sie sich in die Arme von Mutter Erde, saugt tief ihren
köstlichen erdigen Geruch ein und verbindet sich
auf diese Art und Weise wieder mit ihrer großen Mutter.
Sie benetzt das Gras mit ihren Tränen und wirft ihr Lachen
in die Luft … und sie trägt ihre Sehnsüchte und Visionen
in ihrem Bauch und lässt sie schwesterlich nähren.
Sie wälzt sich im erdigen Lehm, taubenetzt, nackt …
Und erneuert macht sie sich auf ihren ureigenen Weg der Liebe
und zieht Schritt für Schritt ihre Bahn.

Manchmal wandert eine *Kriegerin des Herzens*
zu zweit durchs Leben, im Ausdruck von Mann und Frau,
verbunden als eine Seele. Sie wandern weit, sie wandern still.
Sie verlieren sich, nur um sich wieder zu finden.
Sie lachen, sie weinen, sie feiern das Leben.
Manchmal straucheln sie und sind verwirrt.
Es gibt Zeiten, da suchen sie sich und finden sich nicht,
obwohl sie nebeneinander liegen in einem Bett.
Und doch wandern sie gemeinsam. Und das hat seinen Sinn.
Denn sie sind EINE Seele im Ausdruck der Kriegerin des Herzens
als Mann und Frau. Und nichts bleibt als die Liebe.

Der Zorn einer *Kriegerin des Herzens,*
wenn einmal entfacht, kann gewaltig sein.
Doch täusche dich nicht, denn auch ihr Zorn ist ein Ausdruck
ihrer Liebe. Und auch wenn sich manche vor ihr fürchten,
ist sie wie ein Wind, der den Sturm bringt und alles hinwegfegt,
damit nichts mehr übrig bleibt. Warum tut sie das?
Weil der Wind den Samen da hinträgt, wo er nötig ist.

Es gibt Momente im Leben einer *Kriegerin des Herzens,*
da scheint die Zeit stillzustehen. Alles ist dunkel.
Alle ihre Geschichten scheinen verloren gegangen, ihre Gefühle,
ihre Handlungen erstarrt wie Eiskristalle eines fernen Landes.
Alles in ihr liegt im Winterschlaf,
eingesponnen im Kokon einer ungewissen Zukunft.
Die Welt aber dreht sich weiter.
Sie sieht die Dinge an sich vorüberziehen.
Nichts erreicht sie. Sie gräbt und wühlt tief in sich,
aber sie kann noch nicht einmal fühlen wofür.
Dem Leben scheint das Leben ausgehaucht.
Denn es wurde alles schon gesagt, alles durchlebt,
und jeder Tag wird auf ähnliche Weise geschehen.
Ihre Tränen sind aufgebraucht.
Nichts ist zu finden, wonach sie auch sucht.
Es dauert lange, bis sie stillhält und alles aufgibt.
Erst in diesem Moment spricht die Lehre der Leere zu ihr,
und sie öffnet sich der Botschaft.
Tastend, fast zärtlich schmeckt sie die Köstlichkeit der Leere,
und unbekannte Geräusche wecken ihr inneres Ohr.
Und die Kriegerin erfährt, dass die Leere niemals voller war,
überschäumend mit kostbaren Geschenken.
Ein unbekannter Raum hat sich geöffnet,
den sie nun ganz und gar zu erfassen vermag.

Eine *Kriegerin des Herzens* ist verrückt.
Sie gibt ihrem Auto einen Namen
und spricht mit ihren Möbeln.
Das kommt daher, weil für sie alles beseelt ist.
Es gibt nichts, was nicht lebt und atmet wie sie.
Vielleicht hat es eine andere Form,
und dennoch lebt es auf seine ureigene Weise.
Denn wenn es nicht so wäre,
würde es dann existieren?

Wo eine *Kriegerin des Herzens* verweilt,
kann sich nichts mehr verstecken.
Eine ihrer Eigenschaften ist es, alle Kräfte,
die nicht dem Licht dienlich sind, hervorzulocken.
Dafür muss sie nichts tun, es geschieht einfach.
Das ist nicht immer einfach für die Kriegerin des Herzens.
Doch sie weiß, dass es durch sie geschieht,
und nimmt es dankbar an.

Einer ***Kriegerin des Herzens***
ist das Wort »Schutz« sehr befremdlich.
Denn sie lässt alles durch die Weite ihres Herzens ziehen.
Wie könnte sie von Dunkelheit nicht berührt werden
und sich davor schützen wollen?
Aus der Dunkelheit wurden sie und ihre Träume geboren.
Dunkelheit und Licht sind zwei Seiten einer Münze.
Sie gehören zusammen wie Sonne und Schatten.
Eine Kriegerin des Herzens weiß das.
So geht sie hin und öffnet ihr Herz weiter und weiter
für jeden fremden Gast. Sie bewirtet ihn gut,
auf dass er zufrieden weiterzieht.

Das Männliche ist einer ***Kriegerin des Herzens*** heilig.
Sie weiß, dass auch in ihr dieser Teil lebt und dass er wichtig ist.
Begegnet das Männliche einer Kriegerin des Herzens im Außen,
hört sie genau hin, was es zu sagen hat.
Sie öffnet sich für das Männliche. Sie lässt sich von ihm berühren.
Eine Kriegerin des Herzens weiß, dass sie davon nur
vollkommener in ihrem Ausdruck werden kann.
Und so begrüßt sie die Möglichkeit des Zusammenspiels
von männlich und weiblich. Sie erkennt, dass diese Zusammenkunft
die höchste Form des Ausdrucks ist. Weil beide Pole gestillt sind.
Weil sie sich ergänzen. Und sie es genießen kann. Einfach so.

Eine ***Kriegerin des Herzens*** ehrt ihre Schwestern.
Sie hat verstanden, dass jedes Mal, wenn sie
eine Schwester anerkennt,
sie sich selbst anerkennt und würdigt.

In einer ***Kriegerin des Herzens*** liegt alle Kraft, Macht und Stärke des Himmels und der Erde. Ein Wort von ihren Lippen ist wie der Klang einer süßen Melodie und wie ein Windhauch, der daran erinnert, immer wieder aufzubrechen. Manchmal sind ihre Lieder auch wie fernes Donnergrollen. Sie will es nicht versäumen, die Welt aus dem Schlaf des Vergessens aufzuwecken. Und manchmal gibt es Zeiten im Leben einer Kriegerin des Herzens, da braucht sie selber diesen Weckruf. Dann hat sie für eine kleine Weile vergessen, wer sie ist. Dann träumt sie ihren Traum, bis jemand sie aus ihrem eigenen Schlaf erweckt. Und der sie erweckt, wird nicht lange warten, denn eine Kriegerin des Herzens wird gebraucht.

Es gibt zwei Pole im Leben einer ***Kriegerin des Herzens:***
Verbunden sein oder nicht verbunden sein.
Fühlt sie sich mit dem Urquell allen Lebens verbunden,
dann gelingt alles, und die Sonne leuchtet.
Ist sie herausgefallen aus der Urquelle des Daseins,
weiß sie, dass dies nur eine Illusion ist.
Dennoch vermag es, ihr Leben zu verdunkeln.
Ihr ganzes Streben ist es, sich mit der Quelle zu verbinden.
Eine Kriegerin des Herzens hat verstanden,
dass es um nichts anderes geht.
Denn aus der Quelle leben heißt, zu lieben
und geliebt zu werden bis in alle Ewigkeit.
Was könnte mehr Bedeutung haben als das?

Eine *Kriegerin des Herzens* trägt in sich
die Hoffnung nach dem Unbekannten.
Sie gibt ihr Kraft und Energie in Zeiten des Zweifels.
Das Unbekannte heißt Liebe, Glück, Frieden, Freude, Hingabe,
Erfüllung, Erfolg, Integrität, Freundschaft, Ekstase, Verbundenheit,
Lachen, Wahrhaftigkeit, Freiheit, Achtsamkeit,
Bereitschaft und Demut.

Eine *Kriegerin des Herzens* ist wie ein staunendes Kind.
Alles sieht sie wie zum ersten Mal.
Und sie ist auch wie eine weise Alte.
Alles sieht sie wie tausendmal gesehen.
Sie weiß, dass man manchmal die Dinge hundertfach,
tausendfach ansehen muss,
um sie zum ersten Mal wirklich zu sehen.

Nicht immer wird eine *Kriegerin des Herzens* als solche erkannt.
Oft wandelt sie völlig unerkannt unter uns.
Dies erträgt sie mit großer Liebe. Doch manchmal,
in einsamen Zeiten, sehnt sie sich danach,
vollkommen gesehen und erkannt zu werden.
Dann fühlt sie den nackten Schmerz und wiegt ihn in ihren Händen.
Doch einmal werden ihre Gebete erhört werden.
Dann begegnet ihr jener Mensch,
der zum wichtigsten Teil ihres Lebens wird.
Die Blüte öffnet sich nun, und die Früchte verströmen
ihren betörenden Duft der Reife.
Die Kriegerin des Herzens kann es kaum fassen
und tanzt vor Glück.

Eine *Kriegerin des Herzens* ist stets Königin ihres eigenen Landes.
Sollte dies einmal nicht so sein, steigt sie auf den Berg ihrer Seele,
um ihr Land zu überschauen. Von oben hat sie gute Sicht.
Sie verschafft sich einen Überblick über die Situation.
Sie fragt sich, ob das große Ganze ein harmonisches Bild ergibt,
oder ist etwas von oben unstimmig, unschön, nicht passend …?
Sollte es so sein, stellt sie sich weitere Fragen.
Erst wenn sie diese vollständig beantwortet und eine Kurskorrektur
vorgenommen hat, steigt sie mit ihrer Krone auf dem Kopf
vom Hügel hinunter und macht sich daran,
alles in Ordnung zu bringen.

Wie kann eine *Kriegerin des Herzens* von sich behaupten,
dass sie liebt, solange sie noch für irgendetwas Hass verspürt?
Sie weiß, dass sie, wenn sie etwas liebt,
in Wirklichkeit nur sich selbst liebt,
genauso wie sie in Wahrheit nur sich selbst hasst,
wenn sie irgendetwas hasst.
Sie weiß, dass das, was sie hasst,
untrennbar mit dem verbunden ist, was sie liebt.
Tatsächlich sind es zwei Seiten ein und derselben Medaille.
Darum beschließt sie, das zu lieben, was sie hasst
und das, was beschlossen hat, sie zu hassen.
Sie versteht, dass es nicht leicht ist.
Doch jeden Tag lernt sie es ein wenig mehr.

Eine *Kriegerin des Herzens* lächelt,
wenn sie hört, die Liebe mache blind.
Macht nicht die reine Liebe sehend und wissend?
Warum sieht sie wohl keinen Fehler?
Weil es nichts gibt auf der Welt, was der Liebe unwürdig wäre.
Nur die fehlende Liebe sieht immer und überall Fehler.
Liebe ist wie ein rauschendes Lied voller Harmonie,
das für alle gesungen wird.
Hass ist törichter Missklang in des Lebens Melodie.
Die Kriegerin des Herzens entscheidet alleine,
welchen Liedern sie folgt.

Eine *Kriegerin des Herzens*
folgt ihrem Herzen, koste es, was es wolle.
Sie geht da hin, wohin ihr Herz sie ruft.
Sie ist bereit, den Preis dafür zu zahlen.
Denn um wie viel größer ist der Preis,
wenn sie ihr Herz verrät?

Kein Staudamm dieser und jener Welten vermag,
das Fließen der nahenden Kräfte einer
Kriegerin des Herzens aufzuhalten.
Weder von innen, noch von außen.
Vielleicht werden sie sich sammeln müssen,
um mit Macht und Kraft durchzubrechen oder still und leise rinnen.
Ganz egal wie, die Bestimmung und Erfüllung einer
Kriegerin des Herzens ist das Fließen, es ist der Sinn des Wassers,
zurück zum Meer zu gelangen, um sich darin zu ergießen
und es gleichzeitig wieder anzufüllen.

Eine *Kriegerin des Herzens* erscheint manches Mal radikal.
Weil sie nichts zu verschwenden hat. Weil sie weiß,
das Leben ist kostbar. Gerne ist sie für andere da,
doch wenn sie spürt, dass diese nur spielen,
schaut sie sich das Ganze genau drei Mal an.
Drei ist für sie eine magische Zahl, die alle Chancen beinhaltet.
Drei Mal schaut sie darüber hinweg. Und gibt ihr Bestes.
Und wenn sie merkt, dass sich nichts ändert,
lässt sie die Menschen ziehen, sie lässt sie einfach hinter sich.
Denn sie will mit Wenigen gehen und mit diesen weit.
Sie segnet alle und geht weiter ihren Weg.
Denn sie weiß, eines ist gewiss:
Der leere Raum wird wieder gefüllt werden.

Eine *Kriegerin des Herzens* liebt das Spielen und die Lebendigkeit.
Sie drückt sich aus, sie mag sich zeigen, sie ist ein Gegenüber,
sie fordert, neckt, wagt, spielt, verliert und spielt von Neuem.
Denn sie weiß, dass sie alles verlieren kann,
doch für sie zählt nur das, was sie gewagt hat.
Sie weiß, ein Lächeln könnte nicht erwidert werden.
Doch soll sie deshalb das Lachen unterdrücken?
Sie weiß, dass es ein Wagnis ist, zu spielen, denn sie könnte verlieren.
Doch deshalb nicht zu spielen, käme ihr niemals in den Sinn.
Zu wagen heißt für sie, lebendig sein.

Eine *Kriegerin des Herzens* stellt sich mitten in ein Gewitter.
Sie lässt die Blitze an sich vorüberziehen.
Sie fühlt den Regen auf ihrer Haut und den Wind in ihrem Haar.
Das macht sie lebendig.
Sie fühlt, wie nahe Tod und Leben einander stehen.
Im Gewitter fühlt sie die Macht des Lebens in sich.
Sie schließt ihre Augen. Sie schämt sich nicht ihrer Tränen.
Denn sie weint um all die, die dies nicht fühlen können.

Eine *Kriegerin des Herzens* weiß,
dass sie alles, was sie besitzt, wieder verlieren kann.
Das hat sie selbst schmerzlich erlebt. Deshalb achtet sie darauf,
von nichts und niemandem besessen zu werden.
Eine Kriegerin des Herzens vermag,
sich in einer einzigen Sekunde freizumachen. Sie lässt los.
Und fühlt die neu gewonnene Freiheit
wie einen hungrigen Vogel in ihrer Brust.
Seltsamerweise kommen meist die Dinge
erst recht zu ihr, wenn sie sie losgelassen hat.
Und so kann der Vogel in ihrem Herzen endlos frei fliegen.

Der Körper einer *Kriegerin des Herzens* ist ihr heiliger Tempel.
Mit ihm vermag sie sich auszudrücken, zu fühlen und zu handeln.
Durch ihn strahlt ihr Seelenlicht.
Mindestens einmal am Tag ehrt sie ihn auf besondere Weise.
So sagt sie Danke.
Sie weiß, es ist nicht selbstverständlich,
dass sie gehen, lauschen und sprechen kann.
Dass sie lacht und Tränen über ihre Wangen fließen.
Sie weiß, dass die meisten Menschen das nur allzu oft vergessen.
Selbst sie vergisst es in kriegerischen Zeiten.
Doch wann immer sie die Zeit dazu findet,
badet und salbt sie ihren Tempel, schmückt ihn und tanzt mit ihm.
Das ist ihre Art, ihrem Körper Danke zu sagen. Und nur zu gerne
erinnert sie ihre Gefährten und Gefährtinnen daran.
So manche Kriegerin des Herzens dient mit ihrem Leben
dem Erinnern des heiligen Tempels, genannt Körper.

Eine *Kriegerin des Herzens* ist manchmal
einer wahren Flut von Energien ausgesetzt.
Dann vermag sie, jede noch so feine Schwingung wahrzunehmen.
Sie wird überschwemmt von Gedanken, Gerüchen,
Wahrnehmungen, Ahnungen.
Stundenlang bewegt es sich in ihr und wird zu blassen Gebilden
der Liebe, der Angst, der Hoffnung und Sehnsucht.
Bis es Farbe und Gestalt annimmt.
Aus dem Chaos entsteht Ordnung.
Und die Kriegerin des Herzens ist wieder
um eine Erfahrung reicher.

Es gibt Tage und Zeiten im Leben einer ***Kriegerin des Herzens,***
da sind ihre Gefühle wie reißende, überschäumende Flüsse,
die sie zu überschwemmen drohen.
Nichts ist mehr an seinem Platz.
Die gewohnte Ordnung ist aus den Fugen geraten.
Die Boote schaukeln wild am Ufer ihrer See.
Am Horizont zeigt sich ein mächtiger Sturm.
Der Wind wirbelt die Blätter ihrer Vergangenheit ins kalte Wasser.
Und so sehr sich die Kriegerin des Herzens auch am Ufer festhält,
sie wird hinfortgerissen in den reißenden Strom.
Sie strampelt wild und kommt doch nicht vorwärts.
Erschöpft lässt sie irgendwann los,
nur um die Erfahrung zu machen, dass sie getragen wird.
Sie ist nass, sie ist erschöpft, sie kann nicht mehr, vielleicht weint sie.
Doch sie wird getragen durch die Weiten der Nacht.

Am nächsten Morgen ist alles ruhig wie immer,
und die Sonne lacht ihr erneut entgegen.
Und die Kriegerin weiß, sie wird alles überstehen.

Eine *Kriegerin des Herzens* liegt oft mit vielen Männern,
und doch sucht sie in allen nur den *EINEN,* der ihr Herz berührt
und in ihre Seelenräume vorzudringen vermag.
Ihn, der den Schlüssel zu ihrer geheimen
Herzkammer in Händen hält.
Sie behandelt fast jeden Mann so, als ob er es sein könnte.
Sie wartet, und immer wird sie sich selbst vollständig hingeben.
In manchen Nächten weint sie heiße Tränen,
weil sie ihn so sehr ersehnt. Sie ruft ihn!
Währenddessen geht sie weiter ihren Weg,
um zu wachsen, zu lernen und zu dienen.
Die Sehnsucht brennt heiß in ihrem Herzen.
In einsamen Nächten erahnt sie ihren Liebsten hinter den Schleiern
der Zeit und fühlt seine brennenden Hände auf ihrem Schoß.
Und egal, wie alt sie auch ist, egal, wie weit sie schon gewandert ist
durch die Lande ihrer Seele, wenn er auf einmal vor ihr steht,
ist die Zeit still und alles andere vergessen,
und sie lacht ihre Freude mit ihm gemeinsam in die Ewigkeit.
Denn von nun an wandern sie gemeinsam.

Eine *Kriegerin des Herzens* mutet ihrem Körper oftmals sehr viel zu.
Das liegt daran, dass ihr Geist so weit und hoch fliegt
und sie ihren Körper erst langsam in Besitz nimmt.
Die Wunder der Zusammenarbeit zwischen Geist und
Materie öffnen sich ihr aber mehr und mehr.
Doch fällt es ihr schwer, sich dort hineinzubegeben,
und sehr oft sendet der Körper einer Kriegerin des Herzens
ihr Botschaften zu, die sie nicht sofort versteht.
Es ist eine Reise, die sie zusammen mit ihrem Körper beschlossen hat,
doch nicht immer gehen beide denselben Weg.

Eine *Kriegerin des Herzens* liebt die Liebe.
Sie erforscht sie in allen Facetten.
Bis ins kleinste Detail.
In irdischen, geistigen und seelischen Formen
ist sie ihr nicht fremd.
Und doch strauchelt sie der Liebe wegen.
Sie ist ihre tiefste Sehnsucht.
Sie ist das, was sie bis in alle Ewigkeit kosten will.
Es gibt für sie keine Gesetze in der Liebe.
Die Liebe ist Gesetz genug.
Sie erkennt, die Liebe ist überall,
also ist es egal, wo sie hingeht.
Die Liebe ist in allem zu finden.
Man muss nur genau hinschauen.

Das ewige Spiel zwischen Männlich und Weiblich
lockt die ***Kriegerin des Herzens.*** Es entzündet sie.
Sie hört nicht auf, dieses Spiel zu spielen,
bis sie es schafft, dass es dabei keine Verlierer gibt.
Sie gibt nicht auf, bis beide gewonnen haben. Mann und Frau.
Gewonnene Erkenntnis, gewonnene Einsicht,
gewonnene Freuden und auch Leiden.
Aber ganz besonders gewonnene Demut
vor dem Sein des Anderen.

Eine *Kriegerin des Herzens* ist eine Pionierin ihrer Zeit.
Sie ist alterslos, sie ist weise, sie ist clever.
Sie erforscht jede Facette des Lebens.
Alles wird untersucht, gewogen und einverleibt.
Auf ihrem Erfahrungskonto ist ein großer Überhang.
Auf ihm gibt es kein Minus. Erfahrung ist Erfahrung,
und sie lernt daraus, egal, ob leid- oder freudvoll.

In stillen Nächten liegt die *Kriegerin des Herzens* wach
und lauscht dem Geist der Zeit.
Sterne fallen flüsternd ins große Meer
und verkünden ihre Botschaft.
Die Zikaden singen ihr Lied.
Der Mond erhellt sie mit seinem blauen Schein.
In diesen Nächten erträumt sie *»IHN«.* Ihren männlichen Gegenpol,
ihre Dualseele. Doch sie ist nicht so töricht, zu denken,
dass sie ohne ihn nicht leben kann.
Und doch träumt sie des Nachts von seinen Küssen.
Und heiße Schauer überfallen ihren Körper.
Sie wartet. Sie weiß, es gibt ihn. Irgendwo, da draußen.
Jeder wandert für sich. Doch bis sie sich treffen,
wird eine Kriegerin des Herzens alles tun, um sich zu vollenden.
Denn wenn sie ihn trifft, will sie ihre Liebe teilen und vermehren
und nicht bedürftig sein. Also tut sie inzwischen alles, was sie heilt.
Und dann ist es auf einmal so weit.

Wie ein Schwanenbaby im Nest einer Entenmutter,
so ist die ***Kriegerin des Herzens*** in der Welt.
Sie gehört nicht hierhin und nicht dorthin. Sie fühlt sich oft fremd.
Und doch ist ihr Platz vorgesehen. Alles soll so sein.
Am Anfang versteht sie es nicht.
Sie hadert, denn sie will sein wie alle.
Sie ist allein. Sie ist traurig. Schmerz überkommt sie.
Und irgendwann, in einem vergessenen Moment,
erblickt sie die Schatten ihrer Schwester und Brüder.
Sie kommen ihr vertraut vor. Etwas in ihrem Herz erwacht.
»Heimat«, flüstert die Stimme ihrer Seele.
Es wird noch etwas dauern, bis die Kriegerin des Herzens erkennt,
dass es viele gibt, die sind wie sie.
Hat sie es ganz erfasst, findet sie endlich ein Zuhause.
Und gemeinsam sind sie stark, unendlich stark.
Sie werden die Welt bewegen.
Vergessen ist die Mühsal vergangener Zeiten.
Jetzt zählt nur noch der Pfad, der vor ihr liegt.

Teil 2:

Das Neue beginnt

Eines Tages erwacht die *Kriegerin des Herzens*
in eine große Sanftheit hinein.
Und obwohl sie die Sanftheit kennt,
ist sie jetzt ein Teil von ihr geworden.
Sie begreift, dass etwas Neues beginnt.
Die Kriegerin betritt die Bühne ihres Lebens.
Vergessen ist, wie lange sie suchte, und vergessen ist, wie alt sie ist.
Sie hat ihre Lektion gelernt, sie hat nicht aufgegeben.
Sie hat verziehen, geliebt und vergeben,
gekämpft und gelitten, getrauert und geboren.
Und jetzt darf sie alle Werkzeuge nutzen,
die ihr zur Verfügung stehen, um zu blühen.
Nicht irgendwie und nur ein wenig. Nein, vollständig und ganz.
Sie begreift, würde sie noch etwas von sich zurückhalten,
müsste sie von vorne beginnen.

Eine *Kriegerin des Herzens* hat in ihrem Leben
fast alles errungen, doch nun darf sie ernten.
Sie staunt, was sie gesät hat.
Gab es doch Zeiten, da dachte sie, sie wäre nutzlos,
und der Kummer drückte sie.
Doch jetzt ist sie wie im Rausch angesichts
der ganzen Farbenpracht ihrer Seele, die sich nun zeigt.
Sie kann es kaum glauben. Zögernd setzt sie
die ersten Schritte auf ihren Weg,
die nun immer sicherer werden.

Eine *Kriegerin des Herzens* ist nun sehr still.
Sie fühlt die Gnade, den Segen, der ihr zuteil wird.
Doch sie hat nicht das andere Leben vergessen. Auch das ist sie.
Und weil sie niemals vergisst, kann sie
ein Licht in der Nacht werden.
Sie ist ein Leuchtturm für jene, die ihr folgen.
Und sie nimmt ihre Aufgabe sehr ernst.

Eine ***Kriegerin des Herzens*** ist nach wie vor das, was sie ist.
Wie könnte das auch anders sein? Doch etwas hat sich verändert.
Ihre Erfahrungen pulsieren in ihrem Blut.
Ihr Wagnis, ihr großer Mut, alle Erkenntnisse
pochen im Rhythmus ihres Herzens.
Das Leben, das sie lebte, treibt Wurzeln bis in die kleinste Zelle.
Und doch ist alles sanfter, wie von Licht durchdrungen.
Ihr Fluss des Seins ist nun nicht mehr aufzuhalten,
und sie gibt sich diesem Prozess vollständig hin.

Eine *Kriegerin des Herzens* ist ein Kind der Sonne.
Welche Schatten auch in ihrem Leben geworfen werden,
die Sonne weckt stets den neuen Tag.
Ihre Strahlen kitzeln sie, und in ihrem Schein erholt sie sich.
Denn ihr Herz und die Sonne sind Schwestern,
die gekommen sind, um zu strahlen
und ihre Wärme zu verschenken.

Die ganze Welt steht im Dienst der *Kriegerin des Herzens.*
Jeder Baum, jede Blume, das Streicheln des Windes,
das Flüstern des Baches, alles dient ihr.
Die ganze Welt ist der Meister der Kriegerin des Herzens.
Alles lehrt sie. Jeder Käfer, jeder Grashalm, jede Begegnung,
jeder Ort. Alles ist Meister und Diener zugleich.
Und so lebt es auch in ihr. Schüler und Lehrer in einem.
Wie sie das freut!

An manchen Tagen jubelt das Herz einer ***Kriegerin des Herzens.***
Freude erfüllt ihren Körper. Und gleich einem zarten,
köstlichen Nektar breitet sich das neue Sein in ihr aus,
will gekostet werden wie eine nie gekannte Süße.
An diesem Punkt ist es wichtig, was die Kriegerin entscheidet:
Bleibt sie mit dieser Süße allein in ihrer Kammer,
vermag sie, darin zu versinken, bis nichts mehr übrig bleibt …
Geht sie hinaus in die Welt und teilt ihre Freuden,
wird ein niemals endender Quell der Liebe sich verdoppeln,
verdreifachen und immer weiter singen, bis ein gemeinsames Lied
die Ohren aller erfüllt, die mit ihr gehen.

Manche kennen die Arten der Bäume,
Gräser und Sträucher –
eine *Kriegerin des Herzens*
kennt die der *Sehnsucht.*

Manche kennen die Arten der Häuser,
Bauten und Straßen –
eine *Kriegerin des Herzens*
kennt die der *Liebe.*

Eine *Kriegerin des Herzens*
betritt ein neues Land mit zaghaften Schritten.
Das Alte war ihr vertraut und wurde geliebt und verflucht zugleich.
Das sanfte Sein schimmert auf ihrer Haut und erhellt ihre Sinne, wie
früher der Nebel sie verdunkelte.
Sie weiß, dass sie einen großen Schritt gegangen ist.
Das unbekannte Land leuchtet ihr ergeben entgegen.
Sie weiß, sie muss noch einen weiteren Schritt tun.
Und so schließt sie ihre Augen
und verbindet das Alte mit dem Neuen.
Sie weiß, dass nur das Alte das Neue gebären konnte
und dass sie *BEIDES* ist. Jetzt ist sie bereit,
und tiefe Dankbarkeit durchflutet sie.

Eines Tages verweilt die *Kriegerin des Herzens* in Sanftmut.
Sanftmut ist eine der stärksten Kräfte des Universums.
Sanftmut hat die Liebe als Kraftquelle erwählt und handelt daraus.
Ein sanftmütiger Mensch hat die Kraft zu heilen.
Die Kraft eines einzigen in Sanftmut wandelnden Menschen
entspricht Heeren derer, die ohne Liebe sind.
Die Kriegerin nimmt diese Macht in Anspruch.
Sie hat verstanden, wer sie ist.

Eine *Kriegerin des Herzens* lebt, um zu lieben.
Und sie liebt, um zu leben. Nichts anderem folgt sie.
Es ist das geheime Gesetz ihres Lebens.
Das macht sie zu einem Leuchtturm und einem Hafen.
In ihr legen unbekannte Schiffe an, manche verweilen nur kurz,
andere bleiben fast ein ganzes Leben.
Die Schiffe des Lebens sind einer Kriegerin willkommen,
denn sie bringen Unbekanntes aus einem fernen Land,
das die Kriegerin noch nicht kennt.
Dies bedeutet für sie Wachstum.

Eine *Kriegerin des Herzens* wandelt im Licht.
Selbst die Dunkelheit leuchtet, wenn sie dort verweilt.
Des Morgens, wenn sie aufsteht, leuchtet das Licht ihr den Weg.
Es verwandelt alle Illusionen und löst sie in sich auf.
Das Licht begleitet sie am Tag,
damit sie allen, die bedürftig sind, davon gibt.
Am Abend leuchtet das Licht ihr sanft entgegen und bettet sie
in den Schlaf, um ihre Träume zu beschützen.
Und egal, wie die Kriegerin des Herzens sich auch fühlt,
das Licht verlässt sie nie.

Eine *Kriegerin des Herzens* unterscheidet nicht
zwischen Glück und Unglück.
Sie weiß, dass ein einmal
verstandenes Unglück schnell zu einem Glück
werden kann und umgekehrt.

Eine *Kriegerin des Herzens* trägt in ihrem Herzen einen Funken.
Jetzt wird ihr Funke zu einem lodernden Feuer,
das sie umhüllt und einschwingt in den Urgrund ihres Seins.
Aus diesem wird sie erneut schöpferisch tätig.
Die Welt braucht ihre Kreativität und ihr inneres Leuchten.
Sie fühlt die Kraft und Macht ihres neugeborenen Herzens.
Die Kriegerin des Herzens öffnet sich und ist bereit.

Eine ***Kriegerin des Herzens*** sehnt sich nach dem Nektar der Einheit.
Einst trank sie das bittere Getränk des Lebens in der Dualität.
Doch der Nektar der Einheit ist wie ein ungebrochener Wanderstab,
der sie durch das Leben hindurchführt
und ihr ein süßes Gelingen verspricht.
Und wenn auch am Ende vieles entzweigebrochen ist,
fügt der Nektar der Einheit wie von Zauberhand
alles wieder zusammen und macht es neu.
Die Kriegerin des Herzens erstrahlt in ihrem schönsten Licht.

Eine *Kriegerin des Herzens* bittet an jedem Ort um Einlass.
Sie weiß, dass auch auf einer Wiese und im Wald
viele Bewohner sind, die dort ihr Zuhause haben.
Also öffnet sie Arme und Hände, spricht ihren heiligen Namen
und bittet darum, die Kostbarkeit dieses Ortes genießen zu dürfen.
Sie bittet alle Geschöpfe, die dort wohnen, sie aufzunehmen.
Sie spricht mit Spirit. Und erst wenn sie gelauscht hat
und ihr Herz sich weitet, geht sie weiter,
um für eine kleine Weile Gast zu sein.

Eine *Kriegerin des Herzens* ist wie Wasser,
sie will fließen und fließen.
Sie ist auch wie die Luft,
denn sie muss atmen und atmen.
Ihr Herz ist wie das Feuer,
es will brennen und brennen.
Und in der Liebe zu Mutter Erde
findet sie ihre Erfüllung,
denn wie sie will die Kriegerin
wachsen, wachsen und wachsen.

Etwas Neues erfasst nun
das Wesen der *Kriegerin des Herzens.*
Voller Leichtigkeit, Zärtlichkeit und spielerischem Ausdruck.
Ein Hauch von Schweben und Empor-gehoben-Werden.
Ihr eröffnet sich die leuchtende,
schillernde Welt des Regenbogenlichtes.
Damit bringt sie den Menschen ein glitzerndes Lachen.
Sie taucht alles in dieses Licht.
Damit bringt sie der Welt die Farben zurück.

Eine ***Kriegerin des Herzens*** ist wie ein Gefäß, das gefüllt wird.
Nichts ist ihr fremd. Sie hat alle Energien in sich vereint
und ist unendlich stark in ihrer Nacktheit, Offenheit und Unschuld.
Und jeder, der in ihrer Nähe verweilt,
wird von diesen Qualitäten berührt.
Die Kriegerin des Herzens ist
wie jeder Mensch nicht vollkommen,
und dies macht sie wie alle anderen zu einem
vollkommenen Geschenk.

Eine ***Kriegerin des Herzens*** liebt auf folgende Weise:
Sie schenkt ihrem Gegenüber die Liebe, die den anderen sieht
und erkennt und ihm das gibt, was er wirklich braucht.
Auch wenn es vielleicht nicht das ist, was er wünscht und will.
Das führt manches Mal zur Verwirrung, denn nicht jeder vermag,
die tiefe Liebe einer Kriegerin des Herzens
in diesem Akt zu erkennen.

Des Nachts webt die *Kriegerin des Herzens*
ihre Träume im kühlen Schein des Mondes.
Mit geöffneten Augen blickt sie in den Sternenhimmel.
Doch in Wirklichkeit ist sie in ihre inneren Welten versunken.
Darin ist alles möglich.
Des Nachts läuft sie mit den Wölfen, singt mit den Engeln und
erschafft mit ihren eigenen Händen pures fließendes Gold,
aus dem die Kronen der Könige gemacht sind.

Für eine *Kriegerin des Herzens* ist alles beseelt.
Sie liebt nicht nur die goldenen Blätter eines Baumes,
sondern auch die Zweige, die die Blätter tragen.
Und den Stamm, der die Äste trägt.
Und die Wurzeln, die den Baum, die Äste,
die Blätter mit Nahrung versorgen.
Und die Erde, die Nahrung gibt.
Und den Regen, der die Erde wässert.
Das Licht, das Leben beseelt.
Eine Kriegerin des Herzens hat niemals vergessen,
dass alles mit allem verbunden ist.
Dies ist die große Weisheit, die die Kriegerin strahlen lässt –
denn aus ihr lebt sie.

Die Verletzungen einer ***Kriegerin des Herzens***
verwandeln sich nun in Geschenke.
Dies geschieht durch Annahme und Verstehen.
Alles Ungeliebte wurde durchlebt
und in das eigene Herz genommen.
Mit Liebe, mit Schmerz, mit Dankbarkeit.
Warum also sollte es sich noch einmal zeigen,
wenn es doch geliebt wird?
Es zeigt sich nur das immer und immer wieder
hartnäckig, was der Liebe bedarf!
Eine Kriegerin des Herzens hat dies zutiefst verstanden.
Ob Schmerz, Trauer, Freude, Glück – alle sind ihre Kinder.

Die Familie einer ***Kriegerin des Herzens*** ist unendlich groß.
Des Abends sitzt sie mit ihr am Feuer, und jeder findet Gehör.
Die Kriegerin des Herzens hört auf den Rat ihrer Inneren Kinder,
ihrer Heilerin, Priesterin, weisen Alten, des jungfräulichen Mädchens,
der inneren Königin. Wenn sie so dasitzt und
beim knisternden Feuer ihren Seelenanteilen lauscht,
fühlt sie sich unendlich reich und nah an der Quelle.
Was kann ihr noch geschehen,
wenn so viele Geschöpfe sie beschützen?

Für eine *Kriegerin des Herzens*
ist jeder Tag wie eine neue Melodie.
Sie lauscht und hört den ganzen Tag genau hin,
bis der Rhythmus ihrer Schritte und der Takt ihres Herzens
mit der Melodie singen.
Dann weiß sie, es wird ein guter Tag.
Sie singt das Lied, als wenn es nun ihres wäre,
und so ist es in Wahrheit.

Eine *Kriegerin des Herzens* liebt ihre Kinder
mit unendlicher Zärtlichkeit.
Vielleicht ist sie nicht die perfekte Mutter,
vielleicht macht sie viele Fehler.
Sie ist auch als Mutter wild und frei. Sie ist nicht bereit für Opfer.
Sie weiß, dass nur eine freie und starke Frau
freie und starke Kinder hervorbringt.
Sie ist nicht vollkommen.
Das Wertvollste, was sie zu geben hat,
ist die Liebe jenseits aller Normen.
Diese Liebe macht nicht, was erwartet wird.
Sie geht ihren ureigenen Weg.
Diese Liebe blüht zu ihrer Zeit, man kann nicht daran ziehen.
Sie ist weder greifbar, noch messbar durch Handlungen.
Sie existiert jenseits von Raum und Zeit und wird niemals vergehen.
Dies ist das Vermächtnis einer Kriegerin des Herzens an ihre Kinder,
auch wenn diesen das manchmal nicht bewusst ist.

Eine *Kriegerin des Herzens* ist eine Tochter der Mondin.
Des Nachts liegt sie in ihrem Licht und lässt sich bescheinen.
Sie folgt ihren Gezeiten. Sie erfüllt ihren Willen.
In ihrem Licht tanzt sie. Die Mondin ist ihre Schwester.
Sie hüten gemeinsam die Geheimnisse der Nacht.
Aus dieser Nacht erträumen sie den Tag.
Sie füllen ihn mit Anmut und Liebe,
auf dass jeder genährt wird.

Eine *Kriegerin des Herzens* sieht auch die,
die sich nicht selbst erkennen können.
Die Kriegerin zieht sie in ihr Herz,
um ein Gebet der Schönheit daraus aufsteigen zu lassen.
Sie vermag es, jedes Leben in eine Heldenreise zu verwandeln.
Denn ist es nicht jeder wert, gesehen zu werden,
und hat nicht jeder Mensch wundervolle Gaben,
die durch den Blick eines anderen, der sie erkennt,
zum Geschenk eines Helden reifen?

Eine *Kriegerin des Herzens* bleibt einfach sitzen
in der Dunkelheit, wenn alle anderen weglaufen.
Sie entzündet ein Feuer und wärmt sich.
Sie singt ihre Lieder in die Nacht.
Sie starrt ins Feuer und wird zum Feuer selbst. Sie brennt.
Ihr Widerschein ist so durchdringend, dass sie die Nacht erhellt.
Und nach und nach kommen alle wieder und setzen sich zu ihr. Im
Schein des knisternden Feuers singen sie mit ihr,
ihre Stimmen durchdringen die Nacht,
und die Morgendämmerung erscheint wieder einmal
am Horizont, wie jeden Tag.

Eine *Kriegerin des Herzens* folgt dem Wind.
Sie lauscht ihm mit ganzer Kraft.
Sie vertraut ihm, wenn er aufkommt.
Sie weiß, wenn der Wind aus dieser Richtung weht, geschieht das eine,
und wenn er aus einer anderen Richtung weht,
geschieht etwas anderes. Sie ist bereit für den Wind.
Sie lässt ihn für sich singen.
Sie ist bereit für den Wind, ohne zu sehen, was er mit sich bringt.
Sie lässt ihn durch sich hindurchwehen.
Eine Kriegerin des Herzens weiß, warum der Wind weht,
und wird ihm folgen. Bedingungslos.

Die Erde ist die Schwester der *Kriegerin des Herzens.*
Sie haben sich ein Leben lang gekannt.
Sie erzählt ihr Geschichten. Die Erde entschleiert sie.
Sie ist wie sie, sie lieben ihre gemeinsame lautlose Kühnheit,
die Klugheit jeder ihrer Handlungen, die Stärke des Überlebens.
Sie bewundern einander und sind füreinander da.
Jedes Mal, wenn die Kriegerin des Herzens zu ihr geht,
wird sie neu geboren.

Eine *Kriegerin des Herzens*
versprüht mit ihren Augen funkelnde Glücksschauer.
Einfach so in manchen Momenten des Lebens.
Weil sie nichts bereut und sich dem Leben hingibt.
Komme, was wolle.

Eine *Kriegerin des Herzens* tut,
was getan werden muss.
Sie schürt das Feuer, putzt das Haus,
füttert die Kinder und ist,
wenn sie die Kräuter für das Essen
aus dem Garten holt,
fähig, vor lauter Lebenslust und
schier unbändiger Freude
wie eine Taube zu gurren.

Eine *Kriegerin des Herzens* bringt Magie in die tote Welt
und erweckt sie erneut zum Leben.
Sie verteilt Schmetterlingsküsse
und erweckt Butterblumen zur Freude.
Bei jedem Schritt kichert sie wie ein kleines Mädchen.
Sie weiß, wie wichtig das magische Kind in ihr ist.
Sie hütet es, beschenkt es und lässt ihm
an vielen Tagen alles Mögliche durchgehen.
Diese Tage sind turbulent und unvorhersehbar.
Doch das Glück ist in diesen Zeiten wie ein glucksender Frosch,
der tief aus ihrem Bauch an die Oberfläche steigt.
Das magische Kind einer Kriegerin des Herzens
macht sie alterslos.

Für eine *Kriegerin des Herzens*
ist jeder Tag wie eine Erweckung hin zu Freude,
Glück und Zugang in ihre Schöpferkraft.
Ist sie in ihrer Kraft, überlegt sie,
was sie spielen möchte, und tut es.
Einfach so.
Nichts kann sie aufhalten.

Die *Kriegerin des Herzens* wächst aus der Schwere
in die Leichtigkeit. Immer mehr nimmt das Fließen zu,
und alles fügt sich zusammen wie Puzzleteile.
Sie hat es verdient. Denn sie hat gelernt, sich selbst zu lieben.
Sie liebt die ganze Welt. Dadurch heilt sie alles um sich herum.
Dies ist ihr Auftrag.
Eine Kriegerin des Herzens bringt immer die Liebe in jedes Haus,
egal, wie es erstmal auch aussehen mag.

Die körperliche Vereinigung einer *Kriegerin des Herzens*
mit einem Mann ist für sie ein heiliger Akt
der Initiation zwischen Mann und Frau.
Sie weiß, wie viel Schöpferkraft in diesem Akt enthalten ist.
Sie weiß, dass der Mann die Frau braucht und umgekehrt.
Das heißt nicht, dass nicht jeder auch für sich alleine existieren kann.
Doch sie ist so klug, zu wissen, dass es
das höchste Geschenk zwischen Mann und Frau ist,
sich ganz und gar in einem Augenblick zu gehören.
Sich zu schenken mit allen Sinnen und Seelen.
Was daraus geboren werden kann, ist wahrlich ein Wunder.
Die Frau wird zur Frau und der Mann zum Mann.

Eine *Kriegerin des Herzens* formt, wandelt,
erschafft und kreiert in jeder Sekunde.
Sie kann nicht anders.
Sie webt die Mühen und Lösungen des Kosmos
in all die Werke, die sie erschafft.
Damit berührt sie die Welt.

Eine *Kriegerin des Herzens* spricht Wahrheiten aus,
wo andere sich nicht trauen. Sie kann nicht anders.
Es nicht zu tun, würde bedeuten, sich selber untreu zu sein.
Sie würde sich niemals verleugnen.
Sie geht keine Schritte zurück an Orte, an denen sie schon war.
Sie trägt diese Orte für immer in ihrem Herzen.
Deshalb ist eine Kriegerin des Herzens wie eine reiche,
prall gefüllte Welt mit vielen Weisheiten,
aus denen sie schöpfen kann, für sich selbst
und zum Wohle aller.

Für eine *Kriegerin des Herzens* ist ihr Leib gesegnet,
weil sie darin die Heiligkeit des Lebens trägt.
In ihm hütet und nährt sie alle ungeborenen Kinder und Energien.
Sie allein entscheidet, was sie wann in die Welt hinausträgt.
Diese Entscheidung kann ihr keiner abnehmen.
Sie wird dafür sorgen, dass ihre Kinder und Projekte
lebensfähig sind. Dafür geht sie.
Und sollte doch einmal eines ihrer Kinder in andere Welten gehen,
wird sie alles tun, um den Abschied würdig zu gestalten.

Jeder Tag einer *Kriegerin des Herzens*
steht im Zeichen der Erneuerung.
Schätze werden gehoben, voll funkelnder Pracht.
Doch sie wird niemals vergessen, woher sie kommt.
Sie sieht es in jedem, der ihr begegnet.
Alles bekommt nun Sinn, jedes kleinste Detail ist nicht zufällig,
sondern eingewoben in die Liebe einer größeren Macht.
Eigentlich hat sich nichts verändert, und doch ist alles anders.
Aus der Tiefe ihrer Seele haben sich Augen geöffnet, die lange
schlafend waren. Sie sieht nun die Welt mit neuen Augen.
Nichts ist anders, und doch begegnet ihr nun eine Welt,
die ihr vorher verschlossen war.
Die Kriegerin des Herzens ist Königin
in ihrem eigenen Land.

Es kommt der Zeitpunkt im Leben
einer *Kriegerin des Herzens,* an dem sie sich verwandelt.

Sie fühlt schon länger, dass die Kriegerin in ihr
leise Abschied nimmt. So wird sie zur »Hüterin des Herzens«.
Sie hat nun alle Weisheit erlangt
und lernt doch täglich auf neuen Ebenen.
Sie versteht zutiefst, dass sie nicht mehr kämpfen muss.
Die Kriegerin ist ein Aspekt von ihr,
der zur vollen Blüte reifte und seinen Duft verströmte.
Doch sie will die Blüte nicht trocknen, sondern fallen lassen,
damit sie im Kreislauf des Lebens die Erde düngt.
Und so hat sie sich leise verwandelt in die Hüterin.
Sie weiht ihr Leben dem Leben.
Sie wird vielleicht wieder fallen und aufstehen,
und doch ist nun etwas ganz anders als bisher.
Sie ist die »von Lilith Geküsste«.

Nachwort

An manchen Tagen fühle ich mich so reich beschenkt, ich kann gar nicht genug Danke sagen für alles, was das Leben bisher für mich bereithielt. Die erste Hälfte meines Lebens war zum Teil sehr mühsam, ich musste dunkle Täler durchschreiten, doch dies machte mich zu dem, was ich heute bin. Es ist mir ein großes Anliegen, den Menschen zu danken, die mich zu diesem Buch geführt haben.

Ich danke allen voran von ganzem Herzen Heidi Schirner, die an mich geglaubt hat und nicht locker ließ – du bist, was meine Autorenschaft betrifft, meine Mentorin. Das werde ich nie vergessen. Danke!

Ich danke von Herzen Markus Schirner und dem wundervollen Schirner Verlag dafür, dass sie mich darin unterstützen, dieses und vielleicht noch andere Bücher in die Welt zu bringen. Das bedeutet mir viel, ihr öffnet mir die Tore in eine neue Welt. Danke!

Danke an meine Lektorin Kerstin Noack für ihre Hilfe und Unterstützung für mich als Autoren-Neuling. Du warst immer für mich da.

Ich danke meiner Tochter Paulina, die mich sehr tief zu Lilith geführt hat. Ich vermisse dich! Ich liebe dich.

Danke an meine drei starken Söhne Amon, Emin und Etu und an die Männer in meinem Leben, die die Lilith in mir ausgehalten haben, allen voran mein Lebensgefährte Martin. Ich weiß, das war nicht immer leicht. Ihr seid echte Diener der Göttin.

Ich möchte auch meinen Eltern danken, danke Mama, danke Papa, für das Geschenk des Lebens. Danke Papa, dass du mir schon als kleines Mädchen Bücher in die Hand gedrückt hast, ich erinnere mich an Karl May, Hornblower und Herman Melville. Ohne euch gäbe es das vorliegende Buch nicht.

Danke an meine wunderbaren Freundinnen Claude, Chrissie, Aquarellchen, die zwei Nadines, Lamia und alle Moondschwestern da draußen, alle, die wie ich diesen Weg gehen und mich inspiriert haben. Ihr bedeutet mir alles. Ohne euch …, aber das wisst ihr ja.

Danke an meine Freundin Susanne Hühn, ich fühle mich dermaßen von dir unterstützt, dass ich es gar nicht ausdrücken kann.

Hab Dank, liebe Jasmin, meine Busenfreundin, du bist mir so nah und erfüllst mein Herz mit Freude, nicht nur durch deine zauberhaften Bilder.

Danke an meinen Mentor und Seelenfreund Karl Gamper, der die Lilith in mir erkannte und würdigte. Die Tiefe und das Erkennen von dir und unser inniger Austausch haben viel mit mir gemacht. Es macht mich glücklich, dass du mein Buch mit deiner Einstimmung ehrst und rundest. Danke auch, dass du die »Vision von NeuLand« in die Welt brachtest, die mich heimkommen ließ.

Danke an mein Sternberghof-Team für so manches Freihalten meines Rückens.

Danke auch an alle, die mich ungemein herausforderten durch Verrat und Verleugnungen, ihr seid ungeheuer wichtig auf meinem Weg, denn ihr habt mir zu meiner Größe verholfen. Ich weiß, dass wir uns auf anderen Ebenen lieben und ihr mir einen Dienst erwiesen habt.

Ich könnte noch unzählig so weitermachen, und das tue ich im Geiste, doch nicht unerwähnt lassen möchte ich einige der wichtigsten Wesen meiner Welt, meine Tiere – ganz besonders die Pferde. Die Kräfte der Natur und Mutter Erde. Ihr heilt mich, und dafür danke ich euch von Herzen.

Auch dir, liebe Leserin, lieber Leser danke ich, dass du in meine Welt gekommen bist. Vielleicht durchdringen sich unsere Welten doch mehr als wir denken. Ohne Leserschaft kein Buch, und ich hoffe, dass ich dir mit meinem Buch, »Manifest der Kriegerin des Herzens« ein kleines Geschenk machen konnte.

ENDE

Über die Autorin

Lilia Christina Martiny studierte Tanz, Schauspiel und Gesang. Aufgrund der Krankheit zweier ihrer vier Kinder reiste sie nach Brasilien zu dem schamanischen Heiler João de Deus und wurde von ihm als Medium angenommen.

Heute begleitet Lilia Martiny als Therapeutin und psychologische Coachin hauptsächlich Frauen auf ihrem Herzensweg. Auf dem Sternberghof gründete sie das »Moondpferde-Projekt«, bei dem sie Frauen in ihre Vision begleitet, gemeinsam mit ihren Pferden.

Weitere Informationen zur Autorin finden Sie unter:
www.moondpferde.de

Bildnachweis

Bilder von der Bilddatenbank Shutterstock:

Dekoelemente: #69575776 (© Extezy), #126777914 (© Orfeev)
Hintergrundbild (Wiese) #309182075 (© polinaloves)
Bilderrahmen #109152440 (© Mike Degteariov)

Weitere Bilder: S. 19 #99659051 (© Zoom Team), S. 23 #61373470 (© Nailia Schwarz), S. 26 #184657187 (© Gelner Tivadar), S. 30 #78598063 (© AlexAnnaButs), S. 36 #318333191 (© popovartem.com), S. 44 #368167595 (© Ditty_about_summer), S. 51 #63826084 (© Ditty_about_summer), S. 56 #269322824 (© Nejron Photo), S. 60 #198888299 (© gpointstudio), S. 64 #88175782 (© Philippe Put), S. 69 #143598907 (© brickrena), S. 73 #62063365 (© Creative Travel Projects), S. 79 #198880088 (© iravgustin), S. 88 #234036598 (© Annette Shaff), S. 93 #319382432 (© LawSayWhich), S. 98 #62856148 (©coka), S.103 #194693597 (© Kuznetcov_Konstantin), S. 106 #299796383 (© David Dirga), S. 112 #397174393 (© Lyu Hu), S. 118 #254417170 (© Natali Dronova), S. 123 #309182075 (© polinaloves), www.shutterstock.com

Autorenbild auf S. 132: Jasmin Bojé

Ebenfalls von der Autorin erschienen im Schirner Verlag

Kriegerin des Herzens
Zauber und Charme der weiblichen Kraft
Impulse, die stark und frei machen
50 Karten mit Begleitbuch
ISBN 978-3-8434-9086-3

Was *Frausein* wirklich bedeutet

»Eine Kriegerin des Herzens sehnt sich nach sich selbst.
Sie ist die Hexe, die Wilde, die Baba Yaga, die Lilith.
Sie ist die Weise, die Heilerin, die Priesterin, die Lehrerin.
In ihr lebt der Tod und auch das Leben,
das Dunkle und das Licht.
Nur sie selbst kann sich entdecken.«

Wir alle sind Kriegerinnen, zeigen im Alltag immer wieder unbändige Stärke, fallen, stehen wieder auf und gehen mutig unseren Weg. Die poetischen Texte und bezaubernden Fotografien dieses Kartensets laden uns dazu ein, uns selbst als die Kriegerin des Herzens zu erfahren, die wir sind, und die Kraft zu spüren, die uns im täglichen Leben begleitet. In der Begegnung mit 50 jungen, alten, glücklichen, traurigen, nachdenklichen, allesamt fantastischen Frauen und ihren ganz persönlichen Botschaften spüren wir den Zauber der weiblichen Kraft – und erinnern uns daran: Wir sind Teil einer großen Schwesternschaft.